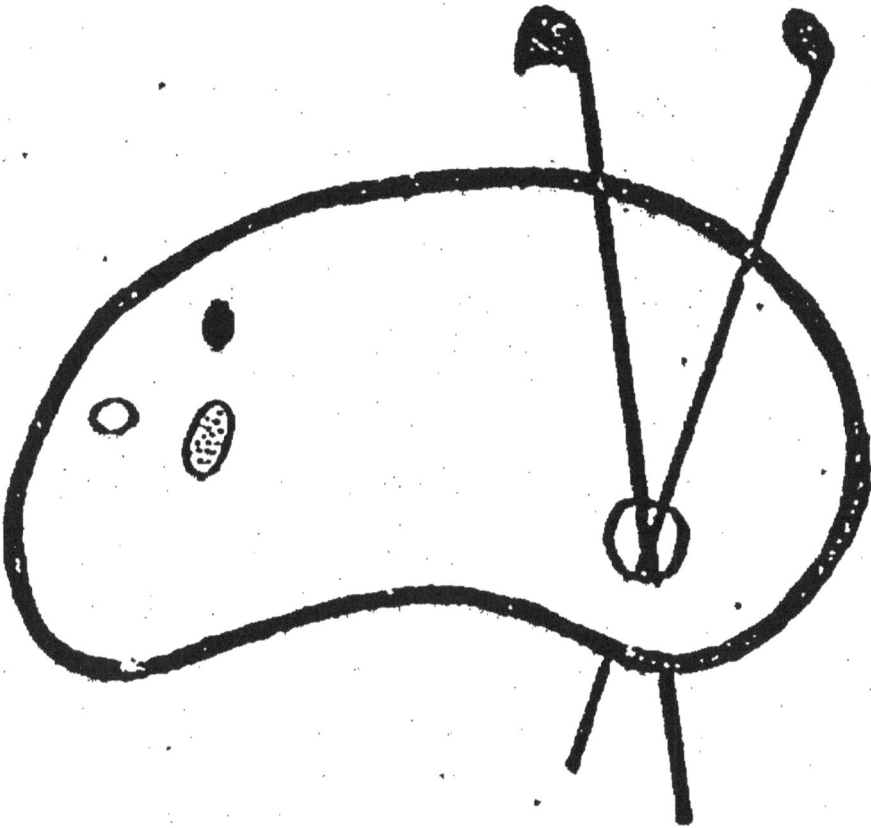

DEBUT D'UNE SERIE DE DOCUMENTS
EN COULEUR

L'AMITIÉ FRANCO-RUSSE

SES ORIGINES

I. — UN POÈTE FRANÇAIS EN RUSSIE

II. — VOLTAIRE & LA RUSSIE

III. — CATHERINE II A LA MÉMOIRE DE VOLTAIRE

DOCUMENTS INÉDITS

Recueillis par V.-E. VEUCLIN

DIRECTEUR DE L'*Antiquaire de Bernay*

CORRESPONDANT DU COMITÉ DES BEAUX-ARTS AU MINISTÈRE DE
L'INSTRUCTION PUBLIQUE

LAURÉAT DE LA SOCIÉTÉ NATIONALE D'ENCOURAGEMENT
AU BIEN ET DE SOCIÉTÉS SAVANTES

VERNEUIL

IMPRIMERIE ET LITHOGRAPHIE J. GENTIL.

—

1896

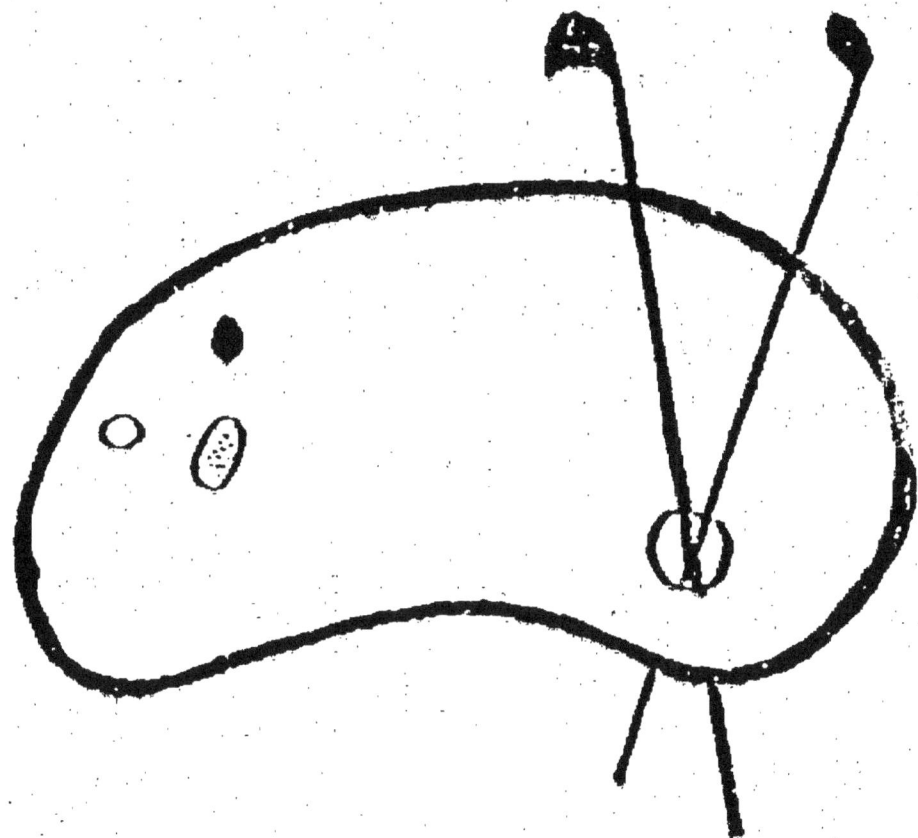

L'AMITIÉ FRANCO-RUSSE

SES ORIGINES

※

I. — UN POÈTE FRANÇAIS EN RUSSIE
II. — VOLTAIRE & LA RUSSIE
III. — CATHERINE II A LA MÉMOIRE DE VOLTAIRE

DOCUMENTS INÉDITS

Recueillis par V.-E. VEUCLIN

DIRECTEUR DE L'*Antiquaire de Bernay*

CORRESPONDANT DU COMITÉ DES BEAUX-ARTS AU MINISTÈRE DE
L'INSTRUCTION PUBLIQUE

LAURÉAT DE LA SOCIÉTÉ NATIONALE D'ENCOURAGEMENT
AU BIEN ET DE SOCIÉTÉS SAVANTES

VERNEUIL
IMPRIMERIE ET LITHOGRAPHIE J. GENTIL.

1896

L'AMITIÉ FRANCO-RUSSE

SES ORIGINES

I

UN POÈTE FRANÇAIS EN RUSSIE

LE COMTE DE LAUNOY

Se disant gentilhomme breton, ayant servi dans les bureaux du marquis de Tracy, puis capitaine de cavalerie, treize blessures reçues dans une action l'auraient obligé de quitter les armes et d'entrer directeur dans une manufacture de cristaux du faubourg Saint-Antoine, à Paris, où il se trouvait lorsque Pierre Ier y vint en 1717.

Beau parleur, très intrigant, le comte de Launoy s'introduisit auprès de quelques personnes de la suite du czar, lesquelles, persuadées de la grande capacité du comte, engagèrent ce Prince à le prendre à son service ; ce qu'il fit et il lui donna même la patente de gentilhomme de sa chambre ; mais ayant bientôt reconnu l'ignorance et la vanité de cet homme, soutenu d'une loquacité aussi incommode qu'impertinente, il l'avait abandonné par mépris à une extrême misère, mais à la prière de l'ambassadeur de France (M. de Campredon), le czar lui accorde une pension de 300 roubles en considération des petits services que la femme du dit seigneur de Launoy rendait aux deux Princesses, ses filles, auprès desquelles elle avait été placée en qualité de maîtresse de langue, fonctions qu'elle embellissait du titre de dame d'honneur.

Il est naturel qu'un homme qui se croit des talents si merveilleux, ait eu grande démangeaison d'écrire ; celui-ci, entre plusieurs mauvais morceaux de poésie qu'il avait faits, tantôt à la louange du Roi, tantôt à celle du Czar, notamment en 1720, se mit en tête dans les derniers mois de 1724, de défier l'Académie française en lui envoyant, par le fils du colonel Vigouroux, autre original qui habitait Saint-Pétersbourg et que son père renvoyait en France, la pièce de vers suivante :

LE MESSAGER CÉLESTE
AUX ILLUSTRES SÇAVANTS DU PARNASSE FRANÇOIS

Fortunez habitans de ce sacré Valon,
Venez tous recevoir les ordres d'Apollon,
Ce Dieu veut qu'aux accords de sa charmante Lyre,
Vous vous fassiez entendre, à tout ce qui respire,
Que vos chants animez, de sa divine ardeur,
Expriment noblement les vertus, la valeur
Du grand Pierre Premier, dont la fameuse Histoire,
Tient un suprême Rang, au Temple de Mémoire,
Où se doivent graver les belles Actions,
Qui l'ont fait redouter en tant d'occasions.
Tous ses faits esclatants, admirez dans le monde,
Sont les heureux objets d'une Muse féconde.
Du Parnasse, étalez les magnifiques fleurs,
Donnez-leur s'il se peut, de nouvelles couleurs,
D'un stile pur et net sans employer la fable,
Faites-nous le Portrait de ce monarque aymable,
Que votre Encre soit faite, avec cette belle eau
D'hypocrene coulante en ce brillant cotteau,
De Pégaze, prenez la plume la plus chère,
Pour désigner les traits d'un héros qu'on revère.
Après l'avoir dépeint, glorieux, Triomphant,
Montrez-le dans la Paix, affable et bienfaisant,
De ses soins importants, décrivez la matière,
Et son attention toute particulière,
A régler et régir ses immenses états,
Plus pénible pour luy, que les plus grands combats,
N'oubliez pas aussy, son auguste famille,
Qu'il est le fondateur d'une superbe ville,
Qu'il est sage, prudent, ferme comme un rocher
Et qu'il est, sur la mer, le plus hardy nocher.
Parlez de son grand cœur, de son profond génie
Duquel la connaissance est en tout infinie,
Elevez ce Héros à l'Immortalité,
Que de l'aveu des Dieux, il a bien mérité.

(Au bas de ces vers était écrit :)

Mercure venant des Russies.

Le sieur de Launoy n'avait pas manqué de lire cette pièce d'éloquence à tous ceux qui avaient eu la patience de l'écouter, mais il ne s'attendait pas qu'elle trouverait une sévère critique en France et en la personne d'un de ses bons amis.

Le baron de Sleinitz, fils de l'ambassadeur de Russie à Paris, étant spirituel et naturellement poëte, voulut donner carrière à sa verve caustique aux dépens du sieur de Launoy; il composa donc une prétendue réponse de l'Académie française, l'accompagna d'une lettre supposée de M. de Fontenelle, trouva, on ne sait où, l'empreinte du cachet de l'Académie et envoya le paquet à un de ses amis à Kœnigsberg, afin qu'il l'adressât par la poste au comte de Launoy. Voici la poésie du baron de Sleinitz; elle avait pour titre:

RÉPONSE a M. le Comte de LAUNOY

au nom du

PARNASSE FRANÇOIS

Esprit rare et profond, dont la Muse sublime,
Nous excite à chanter un Héros magnanime,
Pense-tu qu'à ta voix, de ces faits éclatants,
Nous puissions refuser nos légitimes accens.
Charles, ce grand guerrier, ce foudre de la guerre,
Dont le nom retentit aux deux bouts de la Terre,
Nous l'avons veu ce Roy, fils adoptif de Mars,
Qui portoit l'épouvante au trône des Cézars,
Et du Ciel usurpant la puissance suprême,
Violait sans respect, les droits du Diadème,
Dans Pultava, témoin de tant de grands exploits,
Du Sarmate vainqueur, reconnaître les lois,
Remettre d'un seul coup, dans ses mains triomphantes,
De tant de nations, les dépouilles sanglantes.
Nous avons encor veu, tout un peuple affligé,
Dans ses propres Etats, le Danois assiégé
N'osant plus s'asseurer, sur sa foible Puissance,
A votre Héros seul, devant sa délivrance.
Ce bras si formidable, à tous ses ennemis,
Tant de peuples divers, ou vaincus ou soumis,
Du Suédois fugitif, les plaines désolées,
De l'Empire Ottoman, les bornes reculées,
Le Persan sous le joug d'un fer usurpateur,
Embrassant les genoux de son libérateur,
Cette troupe guerrière, aux travaux endurcie,
La Terreur de l'Europe, et l'effroy de l'Asie,
Porter ses Etendars, sous un ciel inconnu,
Dans des lieux où son nom étoit seul parvenu.
Oüy, de tant de hauts faits, l'assemblage admirable,
Va rendre pour jamais sa mémoire durable;
Des devoirs d'un héros, connaissant tout le prix,
La guerre n'a pas seule, occupé ses esprits.
Au bien de ses sujets, sa gloire intéressée,
A cultiver leurs mœurs, n'est pas moins empressée.

Et, tandis que Bellone, à son premier signal,
Déployoit en tous lieux son étendard fatal,
Minerve dans la paix, sous ses sages auspices
De son peuple aveugle, déracinoit les vices,
Et de la vérité, leur montrant le flambeau,
De leurs faux préjugez, écartoit le bandeau.
De ses faits immortels, les Exemples célèbres,
Chaque jour de leurs yeux dissipent les ténèbres,
Et desjà par ses soins, du fond de l'Orient,
Le passage est ouvert, jusques à l'Occident ;
Mille et mille Ruisseaux, arrêtés dans leur course.
D'un pas précipité remontent vers leur source,
Et forcés de couler, par de nouveaux chemins,
Apportent dans ses murs, les Trésors des voisins,
Par ses divers canaux, son heureuse prudence,
Au milieu d'un désert, font couler l'abondance,
Et du sçavant chinois, le peuple industrieux,
Fait passer jusqu'à nous, ses travaux curieux ;
Le marchand attentif, au fruit de ses largesses,
A l'avare Etranger, va porter ses richesses.
L'un et l'autre Océan, couvert de ses vaisseaux,
Fier qu'un peuple inconnu, vienne fendre ses eaux.
A veu ses pavillons, voguant au gré de l'Onde,
Parcourir hardiment les limites du monde.
Ses sujet affranchis, de lâches oppresseurs,
De son règne prudent, nous vantent les douceurs.
Le voyageur en paix, seur de son entreprise,
D'infâmes ennemis, ne craint plus la surprise ;
Le laboureur tranquille, en moissonnant ses champs,
Célèbre son bonheur, par de rustiques chants.
Dans un terrain ingrat, nous voyons ce grand homme,
Elever du néant, la rivale de Rome ;
Au milieu des travaux, il cherche son plaisir,
De superbes jardins occupent son loisir,
Et son cœur généreux, protecteur des sciences,
Fait ouvrir ses Trésors aux justes récompenses.
D'un Empire fameux, Auguste fondateur,
D'un peuple turbulent, sage législateur,
Des princes opprimez, refuge tutélaire,
On ne peut trop loüer un si grand caractère.
Sa vertu dés longtemps, le place entre les Dieux.
Le récit immortel, de ses faits glorieux,
Sans doute est réservé pour quelque Muse habile ;
Un Homère tout seul, peut chanter un Achille,
Et peut-être qu'aussy, la France dans son sein,
Renferme des Enfans, dignes d'un tel dessein.
Pardonnez, toute-fois, si malgré ces merveilles,
On ne vient point encor, lui consacrer ses veilles ;
D'un astre aussy brillant, nos regards éblouïs,
Sont frapez de plus près, des hauts faits de Loüis,
Du plus grand de nos Roys, la cendre encore fumante,
Nous offre à célébrer sa gloire si récente ;
Notre devoir l'exige, et sans nous engager
A Prôner les vertus d'un Héros étranger,
De notre jeune Roy, l'ardeur toute guerrière,
Nous va bientôt ouvrir, une vaste carrière,
Et nos Muses alors, en suivant nos guerriers,

Iront ceindre avec eux, leurs têtes de lauriers.
Toutes les nations, jalouses de leur gloire,
Veulent de leurs Héros, asseurer la mémoire,
Toutes les ont fait voir, au milieu des hazards,
La Seine ses Bourbons, le Tibre ses Cézars.
Ces ouvrages fameux de la sçavante Grèce,
Marquent pour leurs héros, leur extrême tendresse,
Leurs Esprits échaufez, féconds et merveilleux,
Ont bien souvent été, jusques au fabuleux,
Sans que le Grec menteur, par ses brillantes fables,
Ait encor égalé, nos Héros véritables ;
Il est tems qu'à son tour, l'orgueilleux Tanaïs,
Dispute de la gloire, avec le Simoïs,
Et qu'en ses vers un jour, l'avenir puisse entendre,
Un héros bien plus grand que tous ceux de Scamandre ;
Ne me répliquez pas, que son peuple ignorant,
N'est point propre à louër, un si grand Conquérant,
Songez qu'un tel aveu, lui pouroit faire injure,
Les bienfaits d'un héros, corrigent la nature,
Le ciel ne fait jamais, voir le jour des héros,
Sans la Muse qui doit, les sauver des tombeaux.
Le siécle d'un Auguste, a produit un Horace,
Mais vous enfant modeste, avoué du Parnasse,
Vous de ses actions, spectateur et témoin,
C'est vous seul aujourd'huy, que regarde un tel soin,
Ne doutez pas qu'un jour, l'avenir équitable,
En lisant les hauts faits d'un Prince inimitable,
De ses perfections, sincère admirateur,
Ne loüe avec plaisir, le Héros et l'auteur ;
Souvent à la faveur, d'une Muse éloquente,
Avec son héros, un Auteur qui le chante,
En racontant ses faits, à la postérité,
Marche d'un pas égal, à l'Immortalité.

L'innocente et intelligente mystification ne s'arrêta pas là, car le comte de Launoy, vaniteux à l'excès, ne put taire la joie qu'il éprouva de sa prétendue réception dans le corps de l'Académie : il alla d'abord la communiquer à la Cour, aux membres, aux généraux et autres personnes de tous genres, et ce qu'il y avait de plus divertissant était de voir le baron de Sleinitz (auteur de la mystification), suivre partout son héros et applaudir avec un sérieux séduisant à sa bonne fortune. Ils allèrent aussi chez M. de Campredon et, quoique celui-ci témoignasse assez ouvertement que la pièce lui paraissait supposée, par la raison que M. de Fontenelle n'était point secrétaire de l'Académie, mais de celle des Sciences et des Arts, et qu'il ne croyait pas que Roye fût du nombre des académiciens, il ne put désabuser l'heureux poète qui lui dit qu'il allait travailler à son remerciement au panégyrique du Roi, à celui de la personne qu'il remplaçait et enverrait sa procuration, qu'il fit effectivement expédier au consulat.

Le Czar était alors mort depuis peu ; s'il eût été en vie —

ajoute M. de Campredon (*) — il se serait donné sans doute
la comédie de cette aventure ; mais comme elle n'était point
de saison présentement et que la cour aurait pu trouver
mauvaises certaines expressions étant dans les vers du baron
de Sleinitz et que, d'ailleurs, il en avait fait la confidence à
plusieurs personnes avant de les envoyer, l'ambassadeur de
France fit insinuer au comte de Launoy que cette superche-
rie, n'attaquant point son honneur, il serait à propos de la
faire tomber, puisqu'au fond, en poussant la chose plus loin,
elle ne servirait qu'à augmenter son ridicule.

Le baron de Sleinitz, prévoyant lui-même quelque suite
fâcheuse pour lui dans cette plaisanterie outrée, crut y
remédier par une autre supposition encore plus piquante :
il avoua au comte de Launoy qu'il était l'auteur de la prétendue réponse de l'Académie, mais que l'ayant envoyée à
M. de Voltaire pour s'en divertir, celui-ci lui avait écrit la
lettre (**) qui était cependant de la façon de Sleinitz qui l'a
remis en original au désespéré poète.

Le comte de Launoy donna dans ce dernier piège avec la
même vivacité et la même confiance que dans le premier.
Furieux contre M. de Voltaire, il se déchaîne contre lui et
veut lui intenter un procès pour avoir contrefait le cachet et
le nom de l'Académie, prétendant s'adresser pour cela à
M. le Procureur général ; c'est pourquoi, afin d'éviter le
scandale possible, M. de Campredon croit devoir informer
son ministre de cette minutie qui menace de tourner mal
pour son auteur, car le 3 mai suivant (1725), M. de Campredon écrivait encore à ce sujet : « On m'assure que la
» Czarine songe à renvoyer de ses États le baron de Sleinitz,
» qui était à Paris, et que son fils qui est ici, aura ordre de
» sortir de ses États, sous le prétexte qu'il a, dans ses vers,
» mis en parallèle l'immortalité des actions du Czar avec la
» capacité du sieur de Launoy, et qu'il s'est servi du nom et
» du cachet de l'Académie française pour exécuter l'espiè-
» glerie dont j'ai eu l'honneur de vous rendre compte. »

Ajoutons que cette affaire n'eut aucune suite fâcheuse ; du
reste l'infortuné comte de Launoy ne survécut pas longtemps
à sa cruelle désillusion, car il mourut l'année suivante sans
avoir pu transmettre à l'académie un discours de réception (***)

(*) J'ai donné presque textuellement la version de cet ambassadeur.
(Lettre du 17 mars 1725).
(**) Copie de cette lettre est jointe à celles des deux poésies.
(***) Sa veuve se remaria au comte de Marville, dont il est parlé
dans le premier volume de mon étude ; en 1742, Mme de Launoy veuve
une seconde fois, retourna en Russie et revint mourir en France en 1755.

II

VOLTAIRE & LA RUSSIE

La plaisante aventure littéraire arrivée en 1725, au comte de Launoy, le poète favori de Pierre le Grand fut, évidemment, la première circonstance qui fit connaître en Russie le nom du célèbre écrivain qui devait être plus tard un des meilleurs historiens de cet Empire.

On sait qu'en 1737, Voltaire ayant conçu le projet d'écrire une *Histoire de Russie*, avait reçu du Prince royal de Prusse des mémoires curieux sur la Moscovie (1), et qu'en 1739 il se mit en relations avec le prince Antiochus Cantémir qui, cinq ans plus tard, fut ambassadeur de Russie à Paris.

On sait aussi que Voltaire différa l'exécution de son projet parce que son royal ami était loin de partager son enthousiasme pour Pierre le Grand (2). Ce ne fut donc qu'en 1745 que reprirent avec la Russie les relations du célèbre écrivain français, alors âgé de 51 ans.

Or, le 3 mai 1745, par une lettre datée de Paris et adressée au marquis d'Argenson, alors ministre des affaires étrangères, Voltaire écrivait à son camarade et ami : « J'ai une grâce à vous demander pour ce pays du Nord : C'est de permettre que je vous adresse en Flandre un paquet pour M. d'Alion (3). Ce sont des livres que j'envoie à l'Académie de Pétersbourg et des flagorneries pour la Czarine... » Voltaire annonçait en même temps à M. d'Alion, l'envoi d'un exemplaire de la *Henriade* pour la présenter à l'Impératrice, puis un exemplaire de son livre sur le *Philosophie de Newton* qu'il destinait au secrétaire de l'Académie de Pétersbourg, et il priait l'ambassadeur de le faire admettre dans cette Académie ; la troisième demande se rapportait au projet qu'il avait repris, d'écrire

(1) Voir la correspondance échangée entre Voltaire et le prince royal de Prusse (1737, mai, 20 décembre ; 1738, janvier, février, 28 mars, avril). — Les notes de ce dernier forment 17 pages in-folio conservées à Saint-Pétersbourg dans la collection Voltaire.

(2) Cet enthousiasme avait cependant des restrictions ; Voltaire écrivait en effet au roi de Prusse, en 1737 : « Le Czar a été un grand prince, un » législateur, un fondateur ; mais si la politique lui doit tant, quels » reproches l'humanité n'a-t-elle pas à lui faire ? On admire en lui le roi ; » mais on ne peut aimer l'homme... »

(3) D'Alion était le représentant de la France en Russie.

une *Histoire de Pierre le Grand* : « Si sa digne fille, disait
» Voltaire, daignait entrer dans mes vûes et me faire commu-
» niquer quelques particularités intéressantes et curieuses de
» la vie de feu l'Empereur, elle m'aideroit à élever un monu-
» ment à sa gloire dans une langue qu'on parle à present
» dans presque toutes les cours de l'Europe... » (1)

Les flagorneries dont parle Voltaire étaient les vers suivants,
mis par lui en tête de son livre :

A L'IMPÉRATRICE DE RUSSIE
ELISABETH PÉTROWNA

En lui envoyant un exemplaire de LA HENRIADE *qu'elle
avoit demandé à l'auteur*

Sémiramis du Nord, auguste impératrice,
Et digne fille de Ninus,
Le ciel me destinoit à peindre les vertus,
Et je dois rendre grâce à sa bonté propice :
Il permet que je vive en ces temps glorieux
Qui t'ont vu commencer ta carrière immortelle.
Au trône de Russie, il plaça mon modèle ;
C'est là que j'élève les yeux.

Après plusieurs lettres écrites au même en la dite
année, Voltaire, le 14 janvier 1746, se plaignait longuement
à M. d'Argenson de la paresse de M. d'Alion : « Il y a un an,
» écrivait-il, je lui ai envoyé un gros paquet que vous avez
» eu la bonté de recommander, et je n'en ai aucune nouvelle (2).
» Seriez-vous assez bon, Monseigneur, pour daigner l'en
» faire ressouvenir la première fois que vous écrirez au bout
» du monde. »

Répondant aux sollicitations réitérées de Voltaire, M. d'Argenson, le 5 mai 1746, écrivait à M. d'Alion : « Les gazettes
» ayant annoncé que l'Académie de Pétersbourg avoit admis
» au nombre de ses membres M. de Voltaire, il est venu
» pour savoir si vous m'en avez marqué quelque chose... »

(1) La lettre originale de Voltaire, conservée aux Archives de Moscou,
est accompagnée d'une remarque du comte Bestoujew, défavorable à
l'écrivain français (Cf : *Pierre le Grand dans la Littérature étran-
gère* : 1872, p. 62).

(2) La lettre que Voltaire adressa, en 1745, au comte d'Alion, manque
dans presque toutes les éditions des OEuvres complètes du célèbre
écrivain ; elle fut publiée, en 1807, dans un journal russe où elle fut
découverte, en 1839, par M. Serge Paltorotzky qui la fit imprimer à Paris
à 150 exemplaires (in-8° de 11 p.)

Or cette lettre se croisa avec les deux que d'Alion écrivait, de Pétersbourg, le 10 mai, l'une à son Ministre, lui annonçant qu'il était enfin parvenu à faire recevoir M. de Voltaire dans l'Académie de Pétersbourg; l'autre adressée à ce dernier et ainsi conçue : (1)

« J'ai receu en son temps, Monsieur, la lettre que vous
» m'avez fait l'honneur de m'escrire le 16 juin de l'année
» dernière, avec tout ce qui l'accompagnoit. Si des personnes
» de votre mérite et de votre réputation avoient besoin d'un
» titre pour m'intéresser en leur faveur, vous ne pouviez
» certainement en employer de plus respectable pour moy
» que le nom de M. le marquis d'Argenson.
» Des trois choses que vous m'avez demandées, Monsieur,
» il en est deux où je n'ay pu encore réussir et à vous parler
» avec franchise, je crois que je ne réussiray pas. J'ay été
» plus heureux pour la troisième. Je suis enfin parvenu à
» vous faire recevoir dans l'Académie de Pétersbourg. La
» lettre cy-jointe, écrite au nom et de la part de tous les mem-
» bres qui la composent, me fut remise avant-hier. Cette
» circonstance me dispensera de vous rien dire sur mon
» retardement à vous donner de mes nouvelles.
» Je vous rends au reste mille grâces, Monsieur, de ce que
» vous avez bien voulu me faire part de votre poëme sur la
» *Victoire de Fontenoy*. Je ne souhaitterois que de servir
» le Roy aussi bien que vous célébrés sa gloire.
» J'ai l'honneur d'être, avec la plus parfaite considération,
» Monsieur,

        » Votre, etc.

A cette lettre, Voltaire répond ce qui suit à M. « Dallion » (*sic*) :

            « A Versailles, ce 27 Juin 1746.

» Sans une longue maladie, Monsieur, il y a bien long-
» temps que j'aurois eu l'honneur de vous remercier de vos
» bontez. Si tout n'a pas réussi, du moins une des choses que
» j'avois le plus à cœur a été faite par votre médiation, peut-
» être que les autres pourront se faire dans un temps plus
» favorable. L'attachement que j'ay depuis tant d'années
» pour M. le Marquis d'Argenson et les bontez invariables
» dont il m'a toujours honoré, sont auprès de vous ma plus

---

(1) Les lettres suivantes sont absolument inédites ; je les ai découvertes aux archives du ministère des Affaires Etrangères à Paris : *Correspondance de Moscovie*.

» forte recommandation, et ajoutent un nouveau prix à la
» grâce que vous avez bien voulu faire au plus zélé et au plus
» anciens de ses serviteurs. Je vous supplie, Monsieur, de
» vouloir bien permettre que je mette dans ce paquet cette
» lettre que j'adresse à M. Muller, Je le crois secrétaire
» perpétuel de l'Académie, mais si je me suis trompé au titre,
» je me flatte que vous voudrez bien obtenir l'excuse de mon
» ignorance. Je n'auray point à craindre de me tromper sur
» les expressions quand je vous diray, Monsieur, que c'est
» avec la plus vive reconnoissance et avec les sentiments les
» plus respectueux que j'ay l'honneur d'être, Monsieur,

> » Votre très humble, très obéissant et
> » très obligé serviteur,

> ### VOLTAIRE (1)

Grâce évidemment au bienveillant et actif concours de notre
ambassadeur, et à son titre d'académicien de Pétersbourg,
Voltaire eut enfin satisfaction sur toutes les demandes qu'il avait
formulées ; voici, en effet ce qu'écrivait d'Alion au ministre
de France, le 28 janvier 1847 : « L'Impératrice n'a pas eu
» plustôt donné un Président à l'Académie de Pétersbourg,
» que j'ay reparlé du projet qu'auroit M. de Voltaire d'écrire
» l'histoire de Pierre premier, et M. de Voltaire ayant écrit
» de son côté à M. le comte Razninowsky, celuy-cy vient de
» me faire remettre la lettre cy-jointe (2). J'ay prié aussy le
» dit Président de me faire expédier une patente dans les
» formes, pour constater la nomination de M. de Voltaire à
» ladite Académie ; elle me fut envoyée il y a trois semaines
» et je vous la ferai passer par la première occasion sûre... »

Si l'année 1747 fut agréable pour Voltaire, elle fut néfaste
pour l'Académie qui l'avait admis dans son sein, ainsi que nous
l'apprend la lettre de l'ambassadeur datée de Pétersbourg, le
16 décembre : « Le feu a pris cette nuit à l'Académie et a
» consumé presque tout le bâtiment et la plus grande partie
» de ce qu'il renfermoit. C'est une perte irréparable, car
» Pierre premier, qui portoit son attention sur tout, y avoit
» rassemblé une infinité de choses des plus rares et des plus
» curieuses. »

Bien que devenu Académicien de Russie, Voltaire se con-

---

(1) L'original de cette lettre se trouve aux Archives du Ministère des
Affaires Étrangères à Paris. *Correspondance de Moscovie*, 1746, f° 319).

(2) Le texte de ces deux lettres n'a pas été publié ; il n'existe pas dans
les documents que j'ai consultés à Paris.

tenta, l'année suivante, de publier ses *Anecdotes sur Pierre le Grand.* (1)

* * *

Après un intervalle inexplicable de onze années, Voltaire, en 1757, eut une correspondance suivie avec le comte de Bestucheff et surtout avec le comte de Schowalow (2), pour rédiger enfin une véritable *Histoire de Russie* (3).

Paru en 1759, le premier volume de ce travail n'eut qu'un mince succès, tant en Russie qu'en France ; on trouva au-dessous du talent de l'auteur cet ouvrage trop hâtivement fait, bien que préparé depuis longtemps ; aussi ne fut-il point mis dans le commerce et provoqua-t-il des critiques acerbes (4). En 1761, notamment, fut publiée une prétendue « Lettre du » *Czar Pierre à M. de Voltaire sur son histoire de Russie* (5), satire des plus vives qui motiva l'intervention du prince Galitzin, ambassadeur à Paris, lequel se plaignit au Roi de ce que l'on distribuait à profusion, dans la capitale, la dite brochure, imprimée à Toulouse et débitée par le sieur Dallès, libraire en la même ville. Une enquête fut même ordonnée à Montpellier à l'effet de découvrir les auteurs de cette publication anonyme et voici la réponse que fit l'intendant, M. de Saint-Priest, le 1er avril de la dite année 1761 (6) :

« Il paroît que le sieur Vaquier, du lieu de Villemur, dans » le diocèse du Bas-Montauban, avocat au Parlement de » Toulouze, est l'auteur de cette brochure, remplie d'une critique » amère contre M. de Voltaire qui, de tous les temps, n'a pas » eu le bonheur de plaire au sieur de la Beaumelle, correc- » teur des épreuves de ladite brochure. (7)

Dans les premiers jours de la dite année 1761, Voltaire avait adressé au comte de Schouvalof (8) le quatrain suivant

(1) In-8° de 33 p. sans date ni nom de lieu.

(2) On possède le texte de dix lettres écrites à ce sujet par Voltaire au comte de Schowalow.

(3) En juillet 1757, Voltaire écrit à son ami d'Alembert qu'il est devenu Russe et qu'on l'a chargé de Pierre le Grand : « C'est un lourd fardeau. »

(4) En 1760, Frédéric de Prusse lui-même blâmait Voltaire « d'écrire l'histoire des loups et des ours de la Sibérie. » (Lettre du 3 octobre 1760).

(5) In-8° de 33 p. sans date ni nom de lieu.

(6) Peu après arrivait à Paris le comte de Czernichew (18 avril 1761).

(7) Le sieur de la Beaumelle ne serait donc point, comme on l'a dit, l'auteur de la fameuse lettre en question.

(8) Lettre du 10 janvier 1761.

destiné à être mis au bas d'une estampe de Pierre le Grand :

> Ses lois et ses travaux ont instruit les mortels ;
> Il fit tout pour son peuple, et sa fille l'imite :
> Zoroastre, Osiris, vous eûtes des autels,
> Et c'est lui seul qui les mérite.

Or, ces vers, dédiés à l'impératrice Elisabeth (1) et que Voltaire envoya, en 1763, à Catherine II, furent le prologue de la cordiale et si curieuse correspondance échangée jusqu'en 1777 entre le célèbre écrivain cosmopolite et la grande Impératrice, correspondance qui put faire oublier à Voltaire les profondes blessures que son amour-propre reçut à cause de son attachement à la Russie.

---

(1) La mort d'Elisabeth affecta beaucoup Voltaire : « J'ai fait très sé-
» rieusement, — écrivait-il à d'Alembert, — une très grande perte dans
» l'Impératrice de toutes les Russies.

III

CATHERINE II A LA MÉMOIRE DE VOLTAIRE

On sait que, malgré l'opposition qu'elle rencontra au début (1), l'Impératrice de Russie fit l'acquisition, au prix de 150,000 livres, de la bibliothèque et des manuscrits laissés par Voltaire après son décès, arrivé en 1778.

Or, le 15 octobre de la dite année, Catherine II exprima hautement son admiration à l'égard de l'écrivain-philosophe, en une lettre qu'elle écrivit elle-même de Saint-Pétersbourg, à la nièce du défunt, lettre dont voici la suscription et le texte élogieux :

Pour Madame Denis,

Nièce d'un grand Homme qui m'aimait beaucoup

« Je viens d'apprendre, Madame, que vous consentez à
» remettre entre mes mains ce dépôt précieux que Monsieur
» votre oncle vous a laissé, cette Bibliothèque que les âmes
» sensibles ne verront jamais sans se souvenir que ce grand
» homme sut inspirer aux humains cette bienveillance uni-
» verselle que tous ses écrits, même ceux de pur agrément,
» respirent. Personne avant lui n'écrivit comme lui; à la
» race future il servira d'exemple et d'écueil. Il faudrait unir
» le génie et la philosophie aux connaissances et à l'agrément,
» en un mot être M. de Voltaire, pour l'égaler. Si j'ai partagé
» avec toute l'Europe vos regrets, Madame, sur la perte de
» cet homme incomparable, vous vous êtes mise en droit de
» participer à la reconnaissance que je dois à ses écrits. Je
» suis sans doute très sensible à l'estime et à la confiance que

---

(1) Le 5 septembre 1778, le chevalier de Corberon, ministre plénipoten-
tiaire de France en Russie, écrivait à M. de Schouvaloff pour engager
l'Impératrice à ne pas acquérir la bibliothèque de Voltaire, parce que ses
neveux, notamment M. d'Hornoi, regrettaient cette détermination. Le
comte de Vergennes, ministre des Affaires Étrangères de France, blâma
M. de Corberon de s'être mêlé de cette affaire qui n'avait rien de politique.

» vous me marquez ; il m'est bien flatteur de voir qu'elles
» sont héréditaires dans votre famille. La noblesse de vos
» procédés vous est caution de mes sentimens. J'ai chargé
» M. de Grimm (1) de vous en remettre quelques faibles
» témoignages dont je vous prie de faire usage.

» CATERINE. »

Suprème hommage de la grande Impératrice envers
Voltaire, cette lettre est le brillant couronnement de la longue
et intéressante correspondance échangée entre ces deux illus-
tres personnages, correspondance en laquelle, hélas ! la
France ne fut pas toujours traitée en amie.

Ce document explique donc pourquoi la bibliothèque et les
manuscrits de l'écrivain satirique occupèrent, à Saint-Pétersbourg, une place d'honneur, ainsi que sa statue qu'avait
sculptée Houdon (2).

E. VEUCLIN.

(1) Le 23 novembre suivant, M. de Grimm envoya, de Paris, au comte
de Vergennes, copie de la lettre précitée « qui, vraisemblablement, —
écrivait le baron au ministre — ne tardera pas à être publique ». M. de
Grimm se trompait, car cette lettre fut peu connue et elle ne figure même
pas dans plusieurs éditions des œuvres complètes de Voltaire.

(2) Houdon exécuta aussi pour l'Impératrice de Russie, une statue de
Diane à laquelle, en France, on refusa les honneurs du Salon, parce
quelle était trouvée trop nue ; cet artiste fit aussi en médaillon le
portrait de Catherine II.

Verneuil, imprimerie et lithographie J. Gentil.

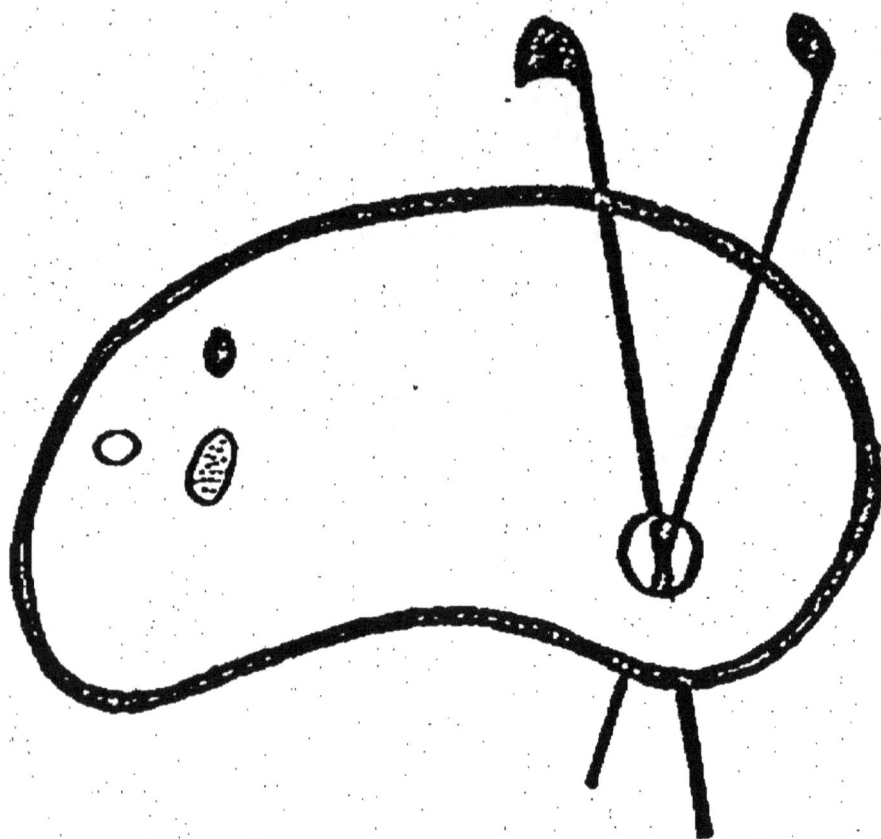

www.ingramcontent.com/pod-product-compliance
Lightning Source LLC
Chambersburg PA
CBHW060203070426
42447CB00033B/2424